AF591920

# THÈSE

POUR

# LA LICENCE

A MON PÈRE, A MA MÈRE.

A TOUS CEUX QUI ONT DES DROITS A MA RECONNAISSANCE

ET A MON AFFECTION.

ACADÉMIE

DE TOULOUSE.

FACULTÉ DE DROIT

DE TOULOUSE.

# ACTE PUBLIC

POUR

## LA LICENCE.

En exécution de l'Article 4, Titre 2, de la Loi du 22 Ventôse an XII.

SOUTENU

Par M. CORRAZE (JOSEPH-FRANÇOIS-GRÉGOIRE),

Né à Laran (Hautes-Pyrénées).

---

# Jus Romanum.

**De obligationibus quasi ex contractu.**

(INST. LIB. III, TIT. XXVII.)

Obligatio definitur (Inst. lib. III, tit. XIII) : « Juris vinculum, quo » necessitate adstringimur alicujus solvendæ rei secundùm nostræ ci- » vitatis jura. »



1856

In duas species, vel ex contractu, vel ex delicto obligationes Gaïus dividerat (Comm. III, § 88.) Sæpè fit tamen ut sinè ullo contractu neque maleficio, nescius et quidem invitus obligatur aliquis : Quasi ex contractu, quasi ex delicto tunc nasci videtur obligatio. Idcircò Justinianus obligationes in quatuor species meritò deduxit : aut enim ex contractu sunt, àut quasi ex contractu, aut ex delicto, aut quasi ex delicto.

In contractu, conventione, in quasi-contractu (ad facilitatem elocutionis, quasi-contractum dicemus, quamvìs sciamus illud verbum non Romano jure,. sed solùm commentatoribus adhiberi) autem sinè conventione paritur obligatio, solâ vi legis, ut videtur alterutrâ definitione : contractus est conventio jure civili obligationem et actionem trahens. Quasi-contractus est factum licitum obligationem et actionem pariens sine conventione, id est, in idem placitum consensu. Undè consequitur ut illi qui contractu obligari nequeant, quasi-contractu possint, veluti impuberi, furiosi. — His dictis, de obligationibus quæ quasi ex contractu nascuntur, quibus tantùm nobis disserendum est, dispiciamus.

Quìnque sunt quasi-contractus à Justiniano nominati : negotiorum gestio, tutelæ vel curæ administratio, rei communio, hæreditatis aditio et indebiti solutio.

## § 1. — *De negotiorum gestione.*

Negotiorum gestio est quasi-contractus quo qui sinè mandato absentis et ignorantis et etiam inviti negotia gessit, ei obligatur eumque sibi obligatum habet. *Absentis* et *ignorantis* dicimus, quia si præsens dominus sciret et non contradiceret, mandatum tacitè contraheretur ob illud juris præceptum : « *Qui prohibere potest et non prohibet, consentire videtur.* » *Etiam inviti* quoque dicimus, ob illud Ulpiani dictum : « *Semper qui non prohibet aliquem pro se intervenire, mandare creditur.* »

Multùm interest ut absentis neque procuratorem relinquentis aliquis bonorum gestionem suscipiat, ne quid detrimenti patiantur, eaque administret bonâ fide atque exactâ diligentiâ. Sed sapè nemo curaturus esset, si de eo quod quis impendisset nullam habiturus esset actionem. Quamobrem gestori actio datur. Justum autem est ut dominus bonorum actionem quoque habeat contra gestorem. Idcircò velut in mandato, ex negotiorum gestione actio nascitur duplex : directa et contraria.

Directa competit domino negotiorum adversùs gestorem ut administrationis rationem reddat, quidquid receperit restituat, et damnum reparet, si quid commiserit. Gestori non solùm dolus, sed etiam culpa levis, at non fortuitus casus neque vis major, incumbit. Exactissimam debet adhibere diligentiam, nec talem sufficit qualem in suis soleret, aït Justinianus, si modò alius diligentior commodius administraturus esset negotia. Et justa est hæc regula : nihil enim gestorem rei sibi non pertinenti se immiscere cogebat, et alium fortassè impedivit diligentiorem. Cùm tamen gestor absentis negotia gerere quasi-coactus est, sivè quia in pessimo statu jacebant, sivè quia jàm publicè bona venditura erant, de dolo solùm tenetur.

Contraria autem competit negotiorum gestori contra rei administratæ dominum, ut hic ei restituat impensas in rebus gestis utiliter factas. Mandatarius de omnibus impensis actionem habet, etsi nullum mandanti commodum afferant ; negotiorum autem gestor solùm de *utiliter* factis, ut diximus. Etenim restituendi obligatio de sequenti principio venit : *nemo debet locupletari cum alterius damno*. Solùm ergò tenetur dominus quatenùs *locupletior* factus est. Sed sufficit impensam in principio utilem fuisse ; parùm refert si casu fortuito inutilis deinceps facta sit.

Si quis negotium cum gestore fecerit, contra dominum utilem habet actionem et vice versa, velut in mandato cujus est figura negotiorum gestio.

### § 2. — *De tutelæ et curæ administratione.*

Tutelæ administratione sibi invicem obligantur pupillus et tutor, quamvìs nullus inter eos interveniat contractus. Sed quia non ex maleficio tenentur, quasi ex contractu teneri videntur. Ex tutelæ, velut negotiorum gestione, actio oritur duplex : directa et contraria.

Directa contra tutorem pupillo vel hæredibus competit, ut ille, finità tutelâ, administrationis suæ rationem reddat. In gestione talem diligentiam tutor adhibere debet qualem diligens paterfamilias rebus suis adhibere solet, quamvìs onus tutelæ ad solius pupilli utilitatem suscipiat. Præstabit dolum, latam et levem culpam. Si tamen bonâ fide negotium gesserit quod lucrosum videri debebat, de solo dolo tenetur. Actio directa tutelæ adversùs tutoris hæredes, defuncto tutore datur. — Sed si tutelam plures tutores gesserint, tunc tres oportet distinguere casus : aut enim uni soli commissa fuit tutelæ administratio, aut omnibus collectìm, aut inter eos à testatore vel judice divisa fuit. In primo casu, tutores non gerentes *honorarii* dicuntur et quasi observatores et custodes sunt actuum gerentis. Hoc in casu et in secundo, quem vult tutorem pupillus persequi potest, si tamen, in primo casu, non fuit *honorariis* impossibile actum impedire, quod exceptionem constituit. In tertio autem, adversùs quemque separatìm agere debet.

Si in dolum intenta sit actio directa, post annum ; si autem in factum, triginta annorum præscriptione extinguitur. — Alia adhùc, finitâ tutelâ, pupillo contra tutorem qui de patrimonio commisso aliquid distraxerat, *de distrahendis rationibus* appellata actio competebat, quâ notatus infamiâ tutor ad duplex reddendum tenebatur. Non simul directam et de distrahendis rationibus actionem, sed unam solam intendere poterat, hancque nunquàm contra tutoris hæredes.

Actio contraria tutelæ adversùs pupillum datur tutori ut sit indemnis, si vel impenderit aliquid in rem pupilli, vel pro eo fuerit obligatus, aut rem suam creditoribus ejus obligaverit. Non semper ità fuit : solùm Ciceronis tempore, Prætor contrariam actionem proposuit ut faciliùs tutores ad administrationem accederent, scientes pupillum quoque sibi obligatum fore ex administratione.

Ex curæ gestione actio duplex etiam oritur : actio utilis negotiorum gestorum directa et contraria. Dicitur *utilis* quia propter æquitatem utilitatemque solam introducta fuerat.

### § 3. — *De rei communione.*

Oriuntur quoque inter communis rei dominos obligationes, quamvis nulla inter eos intervenerit societas, quod accidit si quid pluribus datum aut legatum sit.

Itaque, qui solus percepit fructus è re communi, similis gestori tenetur quasi ex contractu participes facere eos qui cum eo communem habent proprietatem ; pariter si necessarias impensas solus fecerit, aït Justinianus, exigere potest ut sumptus sibi restituantur. Quid de utilibus impensis dicendum est ? Non uti potest, cùm *de dote* agitur, et hæc prævaluit opinio. Sed quamvis de necessariis tantùm loquantur Instituta in rei communione, meliùs est omnes impensas exigi posse cùm factæ sint, et multæ extant leges quæ non inter necessarias et utiles distinguunt.

Quæ ex communionis gestione nascitur actio *de communi dividundo* appellatur. Oportet rem communem esse sine societate ut illâ actione agi possit. Nam si cum societate res sit communis, veluti inter eos qui pariter eamdem rem emerunt, actione *pro socio* agendum est.

Unus inter communis rei dominos divisionem petere potest ; nàm, ut aïunt Diocletianus et Maximianus, in communionem nemo ut maneat cogi potest. Ad petendam divisionem actio etiam *de communi dividundo* competit ; parùm tunc refert si sit societas, vel non. Mixta dicitur, tàm in rem quàm in personam, quia adjudicationem judex dicit, id est, suam cuique partem dominii adjudicat.

Cùm res sit communis propter hæreditatem, nascitur actio mixta quæ *familiæ erciscundæ* vocatur, et cohæredi adversùs cohæredem competit, ut dividatur hæreditas, impensæ restituantur ; et si solus perceperit fructus, alios participes faciat. Unus inter cohæredes, præsentibus aliis et invitis partitionem petere potest.

De actione quâdam, de quâ non loquitur Justinianus, hìc loquendi locus est : hæc est actio *finium regundorum*. (Dig. l. 10, tit. 1.) Quamvis inter plures dominos confinia prædia possidentes nulla extet communio, attamen hoc factum obligationem imponit finium regundorum, ut confusio cesset, et si quis plùs quàm suum confusione habuerit, reddat. Quæ quidem actio rusticis tantùm prædiis adhibetur, et adjudicationem continere potest, si judici placeat in quibusdam locis finia mutare, indemni domino partis amissæ.

### § 4. — *De hæreditatis aditione.*

Hæreditatis aditio est quasi-contractus quo hæres, hæreditatem acquirendo, obligatur legatariis et fideicommissariis. Certum est hæredem adeuntem hæreditatem nullum cum legatariis, quos fortassè non novit, negotium contrahere; sed quia defuncti voluntatem agnoscit aditione, quodammodo cum illis contrahere iisque sese obligare videtur. Legatariis et fideicommissariis solis obligari ex quasi-contractu dicimus. Etenim creditoribus hæreditariis, id est, creditoribus defuncti, non tenetur quasi ex contractu et facto suo, sed ex ipso contractu et facto defuncti qui obligationem et actionem in hæredem suum transmittit easdem quæ adversùs ipsum et ex eâdem causâ competebant. Creditoribus testamentariis hæres tenetur tantùm hæreditatis aditione quæ obligationem et actionem parit.

Testamentariis creditoribus actio *ex testamento* datur. Quisque legatarius hâc actione uti potest quâ petit *quidquid ex testamento dare, facere oportet*. Si *per damnationem* factum sit legatum, legatarius *condictione* uti potest quâ dicit *hæredem sibi dare oportere*. Hæreditariis creditoribus non nova, sed eadem quæ adversùs defunctum actio competit contrà hæredem. — Si plures sint hæredes, adversùs eos dividuntur actiones ipso jure.

### § 5. — *De solutione indebiti.*

Indebiti solutio est quasi-contractus quo qui indebitum solvit, sibi accipientem obligat. Oportet tamen solutionem per errorem factam fuisse. Si qui indebitum solvit, sciens ac prudens fecit, accipiens non obligatur, cessatque repetitio, etiamsi eâ mente dedit ut posteà repeteret. Et adhùc qui solverit putans se jure civili obligatum, cùm jure naturali tantùm obligaretur, repetere non potest; obligatio naturalis enim cùm actionem parere non valet, solutionem tamen validam efficere potest. De solutione indebiti nascitur actio quæ dicitur *condictio indebiti*. Quæ quidem est actio in personam competens ei qui indebitum solvit adversùs eum qui bonâ fide accepit, ut acceptum reddat.

Cessat condictio indebiti in iis casibus in quibus lis inficiando crescit in duplum, quia qui ex iis causis solvit, transactionis causâ ad evitandum periculum dupli solvisse intelligitur, veluti ex lege Aquiliâ; item ex legatis quæ sacrosanctis ecclesiis et cæteris venerabilibus locis derelicta sunt; nàm in hoc casu, sublatâ falsâ opinione, relinquitur pietatis causâ, ex quâ solutum repeti non potest.

---

# Code Napoléon.

---

**Quelles sont les diverses hypothèques légales? Exposition des règles concernant celle de la femme mariée?**

*Dispositions préliminaires.*

L'hypothèque a des rapports trop immédiats avec la propriété et la fortune des citoyens, pour ne pas attirer d'une manière toute particulière l'attention des gouvernements. C'est l'hypothèque, en effet, qui conserve aux familles le patrimoine des épouses, en les protégeant contre les malversations ou les spéculations malheureuses du mari; c'est l'hypothèque qui sauvegarde d'une mauvaise administration les biens de celui qui, à cause de son âge ou de son incapacité morale, ne peut les administrer lui-même. C'est l'hypothèque, enfin, qui fait mouvoir toutes les transactions en les environnant de plus de solidité et d'une plus grande garantie. Aussi tous les législateurs anciens et modernes lui ont-ils accordé une place dans leurs Codes; mais leurs lois n'ont pas toujours été exemptes de cette imperfection qu'on pourrait également imputer ou aux habitudes des peuples ou à la rareté de leurs transactions.

Nous n'avons à parler que d'une partie du système hypothécaire, adopté et réglé en France par le Code Napoléon ; dire quelles sont les diverses hypothèques légales, et donner une exposition des règles qui concernent celle de la femme mariée, voilà quelle est la tâche qui nous est imposée.

Pour traiter avec plus de méthode et de clarté cette matière qui offre des difficultés sérieuses, nous la diviserons en quatre chapitres. Dans le premier, nous jetterons un coup-d'œil rapide sur les principes généraux relatifs à l'hypothèque. Dans le second, nous parcourrons les diverses hypothèques légales et nous exposerons les règles concernant celle de la femme mariée. Dans le troisième, nous examinerons quels sont les biens frappés de l'hypothèque légale de la femme. Dans le quatrième et dernier chapitre, nous parlerons de l'extinction de cette hypothèque, ainsi que des innovations introduites par la loi du 23 mars 1855.

## CHAPITRE PREMIER.

### Principes généraux relatifs à l'hypothèque.

L'hypothèque est un droit établi, au profit du créancier, sur les immeubles du débiteur, nous dit l'art. 2114, C. N. Ce droit est accessoire à celui qui résulte d'une obligation principale, de telle sorte qu'il ne peut y avoir d'hypothèque qu'autant qu'il y a une obligation principale à laquelle elle se rattache, et elle s'éteint en même temps que l'obligation disparaît.

L'hypothèque est un droit réel, *jus in re*, mais différent de celui que donne la propriété. Ce dernier transmet à l'acquéreur la possession de la chose, tandis que l'hypothèque, laissant au débiteur la jouissance de l'immeuble engagé, ne donne au créancier que le droit de le faire vendre à défaut de paiement et de se faire colloquer pour ce qui peut lui être dû, préférablement aux créanciers chirographaires. Ce droit réel que transmet l'hypothèque n'est donc autre chose qu'une affectation subordonnée au défaut de paiement, mais tellement inhérent au fonds qui en est grevé qu'elle le fait considérer comme obligé à l'acquittement de la dette, et qu'elle le suit dans quelques mains qu'il passe : *ejus ossibus adhœret ut lepra cuti.* C'est contre les tiers et toujours contre eux que l'hypothèque produit son effet. — Le créancier chirographaire peut bien lui aussi exercer une action sur les biens de son débiteur, en vertu de l'art. 2092 du C. N.; mais il n'a cette action qu'à raison de la personne. Si le débiteur aliène, le lien qui unissait sa personne à la propriété étant rompu, et la chose passant dans les mains d'un tiers, le créancier perd tous ses droits sur cette chose. L'hypothèque seule peut lui donner le droit de la poursuivre en quelques mains qu'elle passe. C'est là ce qu'on appelle le droit *de suite;* mais il existe un autre droit conféré par la publicité que donne l'*inscription* prise au bureau des hypothèques dans l'arrondissement duquel sont situés les biens du débiteur; c'est le droit de *préférence* sur les créanciers hypothécaires postérieurs.

Les seuls biens susceptibles d'hypothèque sont : 1° les biens immobiliers qui sont dans le commerce et leurs accessoires réputés immeubles; 2° l'usufruit des mêmes biens et accessoires pendant le temps de sa durée. ( 2118 ).

L'hypothèque est, de sa nature, indivisible; elle subsiste en son entier sur tous les immeubles affectés, sur chacun et sur chaque portion de ces immeubles : *Est tota in toto, et tota in quâlibet parte.*

Le C. Nap. reconnaît trois sortes d'hypothèques. L'hypothèque est ou légale, ou judiciaire, ou conventionnelle.

Elle est légale, lorsqu'elle résulte de la loi ( 2117 ). Toutes les hypothèques sont bien légales, en ce sens que c'est la loi qui règle les conditions de leur existence; mais on les appelle spécialement légales, parce qu'elles résultent de la force de la loi, sans qu'aucune convention ni aucun acte judiciaire vienne leur donner naissance.

L'hypothèque judiciaire est celle qui résulte des jugements ou actes judiciaires.

Enfin, l'hypothèque conventionnelle est celle qui dépend des conventions et de la forme extérieure des actes et des contrats. ( 2117 ).

## CHAPITRE II.

### Quelles sont les diverses hypothèques légales ? Exposition des règles concernant celle de la femme mariée.

Lorsque la loi donne une hypothèque légale, elle feint qu'il y a eu pacte et convention de la part des parties contractantes. Elle veut que l'hypothèque existe de même que si elle eût été stipulée, et même, comme la cause qui détermine la loi à sous-entendre cette hypothèque est très favorable, elle lui donne plus d'étendue et plus de privilége qu'aux hypothèques conventionnelles, et c'est avec juste raison.

Les droits et créances auxquels est attribuée l'hypothèque légale sont: 1o ceux des femmes mariées sur les biens de leur mari; 2o ceux des mineurs et interdits, sur les biens de leur tuteur; 3o ceux de l'Etat, des communes et des établissements publics sur les biens des receveurs et administrateurs comptables. Mais les hypothèques énumérées par l'art. 2121 ne sont pas les seules : en effet, le légataire a une hypothèque sur les biens de la succession pour le paiement de son legs (art. 1017 et suiv.) Les priviléges dégénèrent en simple hypothèque, lorsqu'ils n'ont pas été inscrits dans les délais prescrits par la loi.

Laissons de côté toutes les autres espèces d'hypothèques légales, pour ne nous occuper que de celle qui est accordée à la femme mariée.

La femme est soumise, quant à ses biens et à ses actions, au pouvoir du mari, et se trouve le plus souvent dans l'impuissance morale d'exiger de lui des sûretés particulières; il est donc juste que la loi vienne la protéger, en lui accordant la garantie de ses droits et de ses créances sur les biens de son mari à la disposition duquel on les a laissés.

Dans l'ancien Droit Romain, la femme n'avait pour sa dot qu'un simple privilége sur les créanciers du mari; si elle désirait une hypothèque, elle était obligée de la stipuler. Justinien, comprenant l'insuffisance des anciennes lois, voulut y suppléer en environnant la créance de la femme d'une plus grande garantie. (Loi 1re au Code, *De rei uxoriæ actione*). Dans ce but, il lui accorda une hypothèque tacite sur les biens de son mari pour la restitution de sa dot. Il alla plus loin, et, dans la loi *Assiduis*, il voulut que cette hypothèque fût tellement privilégiée que, par l'effet de la rétroactivité, elle assurât préférence sur tous les créanciers hypothécaires du mari, même antérieurs en date. Cette loi souleva contre elle de vives réclamations; car elle compromettait des droits plus sacrés que ceux de la femme mariée, en blessant les droits que des créanciers vigilants auraient eu le soin de conserver sur un immeuble libre jusqu'alors de toute affectation hypothécaire. Aussi des commentateurs du Droit Romain essayèrent-ils de restreindre les exagérations de ce principe émis par Justinien. Mais s'il était juste de repousser cette exagération, il n'était pas moins nécessaire d'adopter la disposition pleine de sagesse qui conférait à la femme une hypothèque légale sur les biens de son époux pour la sûreté de ses apports matrimoniaux. Le Code Napoléon vint concilier l'intérêt des femmes avec celui des tiers, en déclarant que la femme et ses héritiers n'auraient point de privilége pour la répétition de la dot sur les créanciers antérieurs à elle en hypothèque (1572), mais que l'hypothèque légale ne commencerait à courir qu'à compter du mariage, et existerait indépendamment de l'inscription. Par cette dernière disposition on remédia à un autre abus introduit par la loi du 11 brumaire an VIII, qui ne donnait de rang à l'hypothèque que du jour de l'inscription. Aussi arrivait-il souvent que les droits des femmes n'étant rendus publics que longtems après le mariage, étaient primés par des créancires postérieurs, qui avaient su profiter de cette négligence.

L'hypothèque légale remonte-t-elle au jour du *contrat* ou au jour de l'*acte* de mariage? — M. Troplong, dans son second volume sur les hypothèques, a émis la première opinion, s'appuyant sur des raisons déduites du rapprochement des art. 1404, 2135, 2194 et 2195 du Code Nap. Malgré les arguments de cet éminent jurisconsulte, nous nous permettrons d'adopter l'opinion contraire généralement suivie et qui nous paraît plus juste. En effet, si l'on accorde une faveur à la femme en lui donnant une hypothèque sur les biens de son mari, sans inscription, au moins faut-il que les intérêts des tiers soient sauvegardés et qu'ils puissent savoir si le mariage existe. Comment pourront-ils le savoir toujours, si ce n'est par l'acte de mariage? C'est, du reste, dans cette vue qu'a été faite la rectification de l'art. 1394 qui leur apprend en outre s'il y a un contrat, et quel est le régime adopté. C'est le mariage seul qui vient consacrer la validité du contrat; c'est donc à la célébration du mariage qu'il faut faire remonter l'hypothèque légale de la femme.

Elle existe, encore qu'aucune convention, aucun contrat ne l'ait précédée. Mais pour qu'elle soit valable, il faut que le mariage ait été légitimement célébré; sans quoi, on ne peut regarder les contractants comme époux, et leur association ne saurait leur attirer quelque avantage. Si le mariage venait à être déclaré nul, soit par vice de forme, soit par l'incapacité des parties, la femme n'aurait aucune hypothèque pour la répétition de sa dot et de ses autres apports. Cependant il ne faut pas prendre ce principe dans toute sa rigueur, et on peut décider que toutes les fois que la femme est de bonne foi lors de la célébration du mariage, elle conserve son hypothèque. (201 et 202 C. N.)

La femme étrangère, mariée en pays étranger à un Français jouit-elle de l'hypothèque légale accordée par le Code Napoléon? De graves discussions se sont élevées à ce sujet, et des opinions diverses ont été émises. La négative s'est appuyée sur les dispositions de l'art. 2128 qui énonce que les contrats passés en pays étranger ne peuvent donner hypothèque. Une pareille solution serait admissible si l'hypothèque légale dépendait du contrat de mariage. Mais loin de là, nous avons vu que c'est à la célébration du mariage et à la qualité de femme mariée que la loi attache l'hypothèque. Dès lors, si la femme est mariée, et si la loi française la reconnaît telle, elle doit jouir elle aussi du droit de l'hypothèque pour la garantie de sa dot et de ses apports matrimoniaux.

Quels sont les droits des femmes qui sont garantis par l'hypothèque légale ?

La femme a hypothèque sur les biens de son mari pour toutes les créances qu'elle peut avoir sur lui, en sa qualité d'épouse, à quelque titre que ce soit, et sous quelque régime qu'elle soit mariée. L'art. 2121 ne distingue pas. — M. Grenier a combattu cette doctrine et prétendu que l'hypothèque légale des femmes n'existait sans inscription que pour les sommes et biens dotaux, et non pour ce qui concerne les biens paraphernaux, s'appuyant sur ce que l'art. 2135 ne parle pas de ces derniers. Mais il a reconnu lui-même que l'hypothèque légale protégeait *toutes les créances* quelconques de la femme : c'était déroger au principe établi. M. Demante a combattu énergiquement ce système.

L'hypothèque légale existe sans doute sur les biens du mari, indépendamment de toute inscription, pour toutes ses créances ; mais toutes peuvent ne pas avoir rang du jour du mariage. C'est le jour dans lequel elles sont nées ou auquel elles remontent, qui détermine leur rang.

La *dot*, c'est-à-dire l'apport actuel, ce que le mari a reçu *die nuptiarum*, et les *conventions matrimoniales*, c'est-à-dire, les avantages que la femme a stipulés dans le contrat de mariage, sont les seules créances qui prennent rang à compter du mariage ; car c'est bien alors qu'a commencé la responsabilité du mari ; dès ce jour, il est devenu comptable, puisqu'il était tenu de faire tous les actes conservatoires de la dot.

Quant aux sommes dotales qui proviennent de successions échues à la femme ou de donations à elle faites pendant le mariage, elles ne prennent rang qu'à compter de l'ouverture des successions ou du jour où les donations ont eu leur effet. Enfin, dit encore l'art. 2135, la femme n'a d'hypothèque pour l'indemnité des dettes qu'elle a contractées avec son mari et pour le remploi de ses propres aliénés, qu'à compter du jour de l'obligation ou de la vente. — Le mari étant tenu de surveiller le recouvrement de la dot, des biens acquis à sa femme par succession ou donation et du prix de vente, on peut dire qu'il est responsable de ces valeurs du jour où elles ont été acquises à sa femme ; sa responsabilité naît de ce jour, et avec elle l'hypothèque. — C'est en cela que consiste la différence existant entre l'hypothèque légale de la femme et celle des mineurs, qui date toujours du jour de l'acceptation de la tutelle pour toutes les créances présentes et celles à venir. Il faut remarquer que la femme a une garantie dont ne jouit pas le mineur, la faculté de demander la séparation de biens, qui lui donne le droit d'administrer elle-même son patrimoine lorsque son mari le compromet.

Quoique l'efficacité des hypothèques des femmes mariées ne soit pas soumise à la formalité de l'inscription, la loi, dans l'intérêt des tiers, prend des mesures pour que ces hypothèques ne restent pas ignorées. En conséquence, elle impose aux maris l'obligation de les rendre publiques, en requérant eux-mêmes, sans délai, inscription aux bureaux à ce établis, sur les immeubles à eux appartenant, et sur ceux qui pourront leur appartenir par la suite. Ils seront réputés stellionataires, et comme tels contraignables par corps, s'ils ont consenti ou laissé prendre des hypothèques et priviléges sur leurs immeubles, sans déclarer expressément que lesdits immeubles étaient affectés à l'hypothèque de la femme. (2136). — Quant aux intérêts et fruits de la dot, ceux-ci étant l'accessoire, ils suivent le sort du principal ; ils prennent hypothèque du jour où ils ont commencé à courir.

La circonstance que la dot aurait été touchée par le père du mari, ce qui arrive souvent, n'empêcherait pas les biens du mari d'être grevés de l'hypothèque de la femme. Cette décision s'établit sur ce que la dot devient la propriété du mari, et que, si le père la reçoit, ce fait, résultat d'arrangements entre le père et le fils, ne doit altérer en rien les droits de la femme.

On s'est posé la question suivante : Un tuteur ayant une hypothèque légale sur tous ses biens présents et à venir, à raison de sa tutelle, se marie et grève par conséquent ses biens d'une nouvelle hypothèque ; il achète une maison et tombe en déconfiture bientôt après. Quelle est l'hypothèque qui sera préférée à l'égard de ce nouvel immeuble ? Celle des mineurs ou celle de la femme mariée ? Pothier nous dit que la préférence doit être accordée à la plus ancienne, se fondant sur ce que, en hypo-

3

théquant tous ses biens à un premier créancier, le débiteur s'inserdisait le droit de les hypothéquer à d'autres. Les juriscousultes Romains, considérant qu'à l'égard de ce nouvel immeuble l'hypothèque de l'un n'était pas née avant celle du second, mais que l'immeuble s'est trouvé grevé au même instant de l'hypothèque, ont décidé au contraire que les deux créanciers hypothécaires devaient être payés par concurrence ; et nous adoptons sans balancer la décision de la loi Romaine, qui nous paraît conforme tout à la fois à la raison et aux principes du Droit.

On s'est demandé si la femme pouvait céder son hypothèque légale ou y renoncer en faveur d'un tiers. Pour résoudre cette question, il faut distinguer entre la femme mariée sous le régime dotal et la femme commune. Une femme mariée sous le régime dotal ne pourra jamais céder son hypothèque légale : car cette cession constituerait une aliénation du fonds dotal qui est par lui-même inaliénable. Mais si les époux sont mariés sous le régime de la communauté ou sous tout autre qui permette à la femme de disposer de ses biens avec l'autorisation de son mari, elle pourra renoncer à son hypothèque et en céder l'effet ou le bénéfice à un tiers qu'elle subrogera à ses droits ; mais, dès ce moment, elle ne sera plus admise à les exercer, on lui opposerait sa renonciation. Si elle a subrogé deux ou plusieurs créanciers à son hypothèque légale, nous pensons, avec M. Proudhon, que le créancier, premier créancier subrogé sera colloqué au lieu et place de la femme avant le second, et ainsi de suite. La subrogation deviendrait tout-à-fait illusoire si l'on n'admettait pas cette opinion. La femme qui aura garanti l'aliénation faite par son mari ne pourra pas troubler l'acquéreur, puisqu'elle est tenue de la garantir. Enfin, celle qui se serait obligée solidairement avec son mari ne pourrait pas contester la préférence au créancier, puisqu'elle serait tenue personnellement envers celui-ci et qu'il aurait le droit de s'emparer de sa collocation, s'il était possible qu'elle lui fût préférée.

## CHAPITRE III.

### Quels sont les biens frappés de l'hypothèque légale de la femme mariée ?

Un des caractères principaux de l'hypothèque légale, c'est qu'elle frappe sur tous les immeubles présents et sur les immeubles à venir, à mesure qu'ils entrent dans le patrimoine du mari, sous les mêmes conditions qu'il les possède lui-même. Néanmoins, ce principe se trouve restreint par les dispositions des articles 2140 et 2144. L'un permet, si les époux sont majeurs, de spécialiser, dans le contrat de mariage, les biens qui seront seuls affectés à l'hypothèque. L'autre autorise le mari à demander en justice que l'hypothèque soit restreinte aux immeubles suffisans pour la conservation des droits de la femme, lorsque l'hypothèque étant générale, serait plus que suffisante pour la garantie de la dot et des apports matrimoniaux. Dans ce cas, le mari ne peut faire sa demande en justice qu'après le consentement de la femme et l'avis des quatre plus proches parents.

L'hypothèque légale s'étend, avons-nous dit, sur tous biens présents et à venir du mari, et lorsqu'il a échangé un de ses immeubles contre un autre, l'hypothèque frappe tout-à-la fois l'immeuble dont le mari s'est dépouillé et celui qu'il a reçu. En effet, l'hypothèque qui grevait l'immeuble l'a suivi dans les mains de l'acquéreur. Quant à l'autre immeuble reçu en échange, il se trouve frappé de l'hypothèque légale par le seul fait qu'il entre dans le domaine du mari, d'après la disposition de l'art. 2122.

L'hypothèque légale de la femme ne s'étend sur les biens à venir de son mari que lorsque celui-ci ne fait pas le commerce. S'il était négociant à l'époque de son mariage, ou qu'étant alors sans profession déterminée, il le soit devenu postérieurement, l'hypothèque n'affectera que les biens qu'il possédait à l'époque de la célébration du mariage, ou qui lui seraient échus depuis lors, soit par succession, soit par donation entre-vifs ou testamentaire. Ce principe s'établit sur ce que la femme qui s'unit à un commerçant s'unit aussi à sa fortune. Elle peut chercher sécurité dans les immeubles de son mari qui paraissent placés hors du tourbillon du négoce; mais elle ne peut asseoir que des espérances incertaines sur les fonds actuels du commerce et sur les métamorphoses nombreuses et rapides qu'ils sont destinés à subir. Remarquons cependant qu'il n'en est ainsi que dans le cas où le mari commerçant vient à faire faillite. S'il n'est pas en faillite, l'hypothèque de la femme affecte ses biens présents et à venir, ceux qu'il possédait à l'époque de la célébration du mariage, comme ceux qu'il a acquis depuis cette époque. On retombe alors dans la règle générale.

La femme a-t-elle hypothèque sur les conquêts de communauté? Deux cas peuvent se présenter : ou bien les immeubles n'ont pas été aliénés par le mari, ou bien ils ont été aliénés pendant la communauté. Dans le premier cas, si la femme renonce, elle a hypothèque sur les conquêts de la communauté; car, en réalité, le mari en a toujours été propriétaire. Si elle accepte, elle a hypothèque sur les immeubles tombés dans le lot de son mari, puisqu'ils sont réputés avoir appartenu à lui seul.— Dans le second cas, si la femme accepte la communauté, elle n'a pas d'hypothèque sur ces immeubles, car, par son acceptation, elle a approuvé l'administration du mari et ratifié la vente des immeubles. Mais que décider dans le cas où elle renonce? La jurisprudence décide qu'elle a hypothèque, s'appuyant sur ce que la femme est réputée n'avoir jamais été commune; les biens ont par conséquent toujours appartenu au mari, et aux termes de l'art. 2121, la femme a hypothèque sur tous les immeubles du mari.

Nous voyons dans l'art. 952 que la femme a une hypothèque légale sur les biens qui ont été donnés au mari avec stipulation du droit de retour, en cas de prédécès, par le même contrat de mariage duquel résultent les droits et hypothèques de la femme; mais cette hypothèque est subsidiaire, et ne lui est accordée que dans le cas où les autres biens de l'époux donataire ne suffisent pas.

L'hypothèque des femmes peut aussi quelquefois s'étendre sur les biens qui n'appartiennent pas au mari : les anciennes lois et le Code Napoléon en ont des dispositions expresses. L'ordonnance de 1747, sur *les substitutions*, prévoyant le cas où les biens du mari seraient insuffisants pour l'exercice des reprises de la femme, étend son hypothèque aux biens chargés de substitution ; et l'art. 1054 du Code Napoléon nous dit que la femme du grevé de substitution pourra avoir sur les biens à rendre un recours subsidiaire en cas d'insuffisance des biens libres, seulement pour le capital des deniers dotaux, et dans le cas où le testateur l'aura expressément ordonné.

## CHAPITRE IV.

### Extinction de l'hypothèque légale.

*Innovations introduites par la loi du* 23 *mars* 1855.

Il y a plusieurs causes d'extinction de l'hypothèque. — La première est l'anéantissement de l'obligation principale. Cette obligation peut s'éteindre par la confusion, par la restitution de la dot ou de toute autre manière. L'hypothèque n'étant que l'accessoire, suit le sort du principal. Mais il faut remarquer que l'anéantissement d'une partie de l'obligation principale ne peut anéantir l'hypothèque qui, étant de sa nature indivisible, reste affectée au paiement de chacune des parties de la dette comme à la dette entière : *est tota in toto, et tota in quâlibet parte.*

La deuxième cause d'extinction est la renonciation du créancier à l'hypothèque. Nous avons déjà vu que la femme commune pouvait y renoncer, tandis que la femme mariée sous le régime dotal ne le pouvait pas.

La prescription nous offre un troisième mode d'extinction. Quel est le moyen de prescrire contre la femme mariée? — Pendant le mariage, il est évident que la prescription ne peut courir contre elle en faveur du mari (2253). Elle ne court point non plus en faveur des tiers, pendant le mariage : 1o à l'égard de l'aliénation d'un fonds constitué selon le régime dotal, conformément à l'art. 1561 ; 2o dans le cas où l'action de la femme ne pourrait être exercée qu'après une option à faire sur l'acceptation ou la renonciation à la communauté ; 3o quant aux actions qui réfléchiraient contre son mari, si elle les exerçait contre les tiers qui y sont soumis. Les actions qui réfléchiraient contre le mari, si la femme les exerçait, sont celles qui le soumettraient à un recours en garantie de la part de ceux qui les subiraient.

Mais la prescription courra contre la femme mariée, même pendant le mariage, si, étant de bonne foi, le mari a vendu *sans garantie* un immeuble à un acheteur qui savait qu'il n'était pas à lui, ou à un acheteur de bonne foi, sous la clause *sans garantie et à ses risques et périls;* car le mari n'étant tenu d'aucune garantie envers l'acheteur, la femme peut exercer son action en revendication, sans craindre qu'elle réfléchisse contre lui. La prescription courra encore contre elle, pendant le mariage, à l'égard des biens dont le mari a l'administration, sauf son recours contre le mari. — Le mariage ne fait que suspendre la prescription commencée. Après sa dissolution ou la séparation de biens, elle recommence à courir de plein droit.

L'hypothèque s'éteint encore par la transformation ou la perte de la chose hypothéquée. Il y a transformation, lorsque l'immeuble, une maison par exemple, est démolie. Le droit ne saurait s'attacher à ses matériaux qui, devenus meubles, forment une espèce nouvelle : il ne subsiste plus que sur le sol. Il y a perte, lorsque un incendie détruit la maison.

Il nous reste à examiner la cinquième manière d'extinction de l'hypothèque, par l'accomplissement des formalités prescrites pour purger l'immeuble acquis.

L'hypothèque légale de la femme mariée est dispensée d'inscription : elle existe sans cette formalité nécessaire aux autres hypothèques. Comment donc le tiers détenteur arrivera-t-il jusqu'à elle pour en délivrer l'immeuble par lui acquis ? La loi vient à son secours.

Il faut distinguer deux cas : ou bien elle est inscrite, ou bien elle ne l'est pas. — Si l'inscription a été faite avant la transcription du contrat par le tiers détenteur, les formalités générales concernant la purge seront suivies, et ce dernier n'aura qu'à se conformer aux dispositions des art. 2181 et suivants.

Mais il peut arriver que l'inscription ne soit pas prise. Dans ce cas, le détenteur déposera au greffe du tribunal civil de la situation des biens une copie dûment collationnée de son titre d'acquisition, et fera notifier cet acte de dépôt à la femme et au procureur impérial chargé par l'art. 2139, de faire inscrire les hypothèques légales des femmes et des mineurs. — Que faire si la femme ou ceux qui la représentent ne sont pas connus de l'acquéreur ? Un avis du Conseil d'Etat, du 1er juin 1807, prévoit cette difficulté et porte que la notification de l'acte de dépôt sera faite à la femme ou ceux qui la représentent par l'insertion dans les journaux de la notification qui a été faite au procureur impérial. Cette insertion se fait dans la forme prescrite par l'art. 696 du Code de Proc. Dans la notification au procureur impérial, le détenteur doit déclarer que la femme étant inconnue, il fera publier dans les journaux la notification qu'il lui en fait.

Un extrait du contrat translatif de propriété sera et restera affiché pendant deux mois dans l'auditoire du tribunal; pendant ce temps, femmes, maris, parents ou amis, et le procureur impérial, seront reçus à requérir, s'il y a lieu, des inscriptions sur l'immeuble aliéné, qui auront le même effet que si elles étaient prises le jour de la célébration du mariage.

Si dans les deux mois, les inscriptions n'ont pas été prises, les immeubles passent à l'acquéreur libres de toute charge. S'il a été pris des inscriptions du chef des femmes, et s'il existe des créanciers antérieurs qui absorbent le prix en totalité ou en partie, l'acquéreur est libéré du prix ou de la portion du prix par lui payée à ses créanciers, et les inscriptions de la femme seront rayées en totalité ou jusqu'à due concurrence.

Si les inscriptions du chef des femmes sont les plus anciennes, l'acquéreur ne pourra faire aucun paiement du prix au préjudice de ces inscriptions.

Mais si la femme, en négligeant de prendre inscription dans les deux mois, est déchue de tous ses droits sur la propriété, est-elle aussi déchue de la faculté de se faire payer sur le prix, au préjudice des autres créanciers utilement inscrits, tant que le prix est entre les mains de l'acquéreur et que l'ordre n'a pas été clos? La négative a prévalu devant la Cour de Cassation. Nous penchons néanmoins, avec M. Troplong, pour l'affirmative, nous fondant sur l'art. 2195, en vertu duquel la femme est bien privée du droit de *suite*, mais non du droit de *préférence* qui existe tant que le prix est entre les mains du débiteur, et que l'ordre n'a pas été clos. Ces deux droits sont distincts, et si elle est dépouillée du premier, pourquoi voudrait-on la dépouiller du second qu'elle n'exerce plus sur l'immeuble, mais bien sur le prix?

L'adjudication à suite d'expropriation forcée et d'expropriation publique purge-t-elle de plein droit l'immeuble grevé de l'hypothèque légale? On admet généralement que les hypothèques légales des femmes mariées, mineurs et interdits, qui ne sont pas inscrites lors de l'adjudication, sont purgées par l'expropriation, et on s'appuie sur ce que la publicité qui accompagne ces expropriations rend le plus souvent inutiles les autres formalités. Et nous adoptons cette opinion, quoique la Cour de Cassation ait consacré l'opinion contraire dans un arrêt du 22 juin 1833. Pourquoi d'ailleurs la femme serait-elle plus privilégiée que le vendeur non payé qui perd son privilége, si, avant l'adjudication, il ne s'est conformé aux dispositions de l'art. 717?

Quelles modifications est venue apporter la loi sur la transcription, du 23 mars 1855, au système hypothécaire, en ce qui concerne l'hypothèque légale de la femme?

Avant cette loi, l'hypothèque légale existait après la dissolution du mariage, à l'égard des tiers, indépendamment de toute inscription. — La renonciation, cession ou subrogation faites par la femme au sujet de son hypothèque légale en faveur d'une autre personne, n'avaient pas besoin d'être inscrites pour être opposables aux tiers, tant que la femme n'y était pas elle-même obligée.

La loi du 23 mars est venue déroger à ces principes par les deux articles suivants :

Art. 8. « Si la veuve, le mineur devenu majeur, l'interdit relevé de » l'interdiction, leurs héritiers ou ayant cause, n'ont pas pris inscription » dans l'année qui suit la dissolution du mariage ou la cessation de la » tutelle, leur hypothèque ne date, à l'égard des tiers, que du jour des » inscriptions prises ultérieurement. »

Art. 9. « Dans tous les cas où les femmes peuvent céder leur hypo- » thèque légale ou y renoncer, cette cession ou renonciation doit être » faite par acte authentique, et les cessionnaires n'en sont saisis à l'égard » des tiers que par l'inscription de cette hypothèque prise à leur profit » ou par la mention de la subrogation en marge de l'inscription préexis- » tante. Les dates des inscriptions ou mentions déterminent l'ordre dans » lequel, ceux qui ont obtenu des cessions ou renonciations, exercent » les droits hypothécaires de la femme. »

Pour faire comprendre l'importance de cette loi, en terminant, il nous suffit de dire que : « la transcription est destinée à procurer aux tiers, » créanciers ou acquéreurs la publicité matérielle, durable et facile à cher- » cher des mutations de la propriété immobilière et des démembrements » ou charges qui peuvent en altérer la valeur. »

---

# Droit Commercial.

## Du billet à ordre et de la prescription.

Comme la lettre de change, mais non au même degré, le billet à ordre est destiné à pourvoir à l'insuffisance du numéraire. Le billet à ordre est celui par lequel un individu promet à un autre de payer, à une époque déterminée, une certaine somme à lui ou à son ordre, c'est à dire à celui auquel il aura cédé le titre par la voie de l'endossement. Il est daté, il énonce la somme à payer, le nom de celui à l'ordre de qui il est souscrit, l'époque à laquelle le paiement doit s'effectuer, la valeur qui a été fournie en espèces, en marchandises, en compte ou de toute autre manière. Donnons-en un exemple :

Toulouse, le 2 avril 1856. Bon p. fr. 500.

Au douze novembre prochain, je paierai à Paul ou à son ordre la somme de cinq cents francs reçue comptant dudit. PIERRE.

Sa formule diffère de celle de la lettre de change, en ce que le tireur et le tiré sont ici une même personne, ce qui rend l'acceptation tout-à-fait inutile, et qu'il n'y intervient que deux personnes, le souscripteur qui s'engage à payer lui-même le billet, et celui au profit duquel il est souscrit.

Entre commerçants, le billet à ordre joue un rôle à peu près semblable à celui de la lettre de change, sauf les modifications commandées par la nature même des choses : ainsi la lettre de change ne peut être être tirée que d'un lieu sur un autre, au lieu que le billet à ordre est payable dans le lieu même où il a été souscrit; de sorte qu'il n'y a pas, pour ce dernier, remise d'argent de place en place. Les jurisconsultes n'ont pas considéré la chose sous le même point de vue, et ne trouvant pas dans le billet à ordre la *remise de place en place*, base de leur théorie, ils se sont efforcés de lui refuser tout caractère commercial pour le ramener à la théorie du contrat du Code Napoléon Les commerçants, au contraire, n'ont pas cessé de le considérer sous un point de vue différent, et de là un grand tiraillement entre la pratique et la théorie. Les efforts de ces derniers ont été couronnés de succès par l'intervention du législateur, qui est venu décider la question, en rapprochant autant que possible le billet à ordre de la lettre de change dont il n'est, en quelque sorte, qu'une émanation.

L'art. 187 s'exprime en ces termes : Toutes les dispositions relatives aux lettres de change et concernant l'échéance, l'endossement, la solidarité, l'aval, le paiement, le paiement par intervention, le protêt, les devoirs et droits du porteur, le rechange ou les intérêts, sont applicables aux billets à ordre.

On a prétendu que le *rechange* ne leur était pas applicable; sans doute lorsque le billet est payable au domicile du tireur. Mais il peut arriver que le billet à ordre ait été endossé dans un autre lieu que celui où il a été souscrit, alors le porteur non payé est obligé de recourir au rechange contre son endosseur. Quant au *protêt*, il est bon de remarquer qu'on n'en usait pas autrefois quand il s'agissait d'un billet à ordre : c'est là un premier progrès vers l'admission de la théorie de la lettre de change; dans ce cas, les intérêts courent à partir du protêt.

Après avoir énuméré les dispositions des lettres de change qui s'appliquent aux billets à ordre, l'art. 187 ajoute : Sans préjudice des dispositions relatives aux cas prévus par les art. 636, 637 et 638 du Code de Commerce. D'après ces articles, si le billet à ordre émane d'un commerçant, l'action qui y est relative est de la compétence des tribunaux de commerce ; de même, s'il est revêtu de la signature d'un commerçant et de celle d'un non commerçant. Mais le tribunal ne pourra prononcer la contrainte par corps contre les individus non négociants, à moins qu'ils ne se soient engagés à l'occasion d'opérations de commerce, trafic, change, banque ou courtage. Enfin, s'il ne porte que la signature d'un non commerçant, le tribunal de commerce n'est pas incompétent ; mais il doit renvoyer devant le tribunal civil si le défendeur le requiert.

La lettre de change est un acte de commerce, quelle que soit la cause de l'émission. Au contraire, ce caractère n'est reconnu pour le billet à ordre que lorsqu'il a été émis pour cause commerciale. Cette cause est présumée, aux termes de l'art. 638, toutes les fois que le billet à ordre émane d'un commerçant. Faut-il en conclure que les commerçants sont dispensés d'exprimer la cause dans les billets à ordre qu'il souscrivent? Non, l'art. 188 en fait un devoir. Comment donc concilier ces deux articles? Y a-t-il antinomie entre eux? Non, l'art. 638 a seulement voulu dire que le billet serait censé faire pour cause commerciale, à moins que le contraire ne fût formellement exprimé dans ce même billet ; mais il n'a nullement voulu contrarier les dispositions de l'art. 188.

Si le billet à ordre ne contient pas les formalités exigées par ce dernier article, il ne vaut que comme *simple promesse*, et, à ce titre, est régi par le droit civil. Lorsqu'il n'est pas écrit de la main de celui qui s'engage, il est en général soumis à la formalité du *bon pour* ou *approuvé*, prescrite par la disposition de l'art. 1326, C. N. Cette disposition est tirée de la déclaration de 1733, qui mentionnait expressément les billets à ordre comme étant sujets à cette formalité.

### *Prescription.*

En matière civile, la prescription, quoique qualifiée *patrone* du genre humain, n'est guère invoquée par les personnes honnêtes. Au contraire, lorsqu'il s'agit de l'appliquer aux effets de commerce, elle est justement invoquée par ceux qui ne sont tenus que d'après le droit rigoureux : tels sont les endosseurs.

En matière commerciale, la prescription repose : 1o sur une présomption de paiement, 2o sur la nécessité d'affranchir au plus tôt les commerçants de toutes sortes d'actions.

D'après l'art. 189, toutes actions relatives aux lettres de change et aux billets à ordre souscrits par des négociants, marchands ou banquiers ou pour fait de commerce, sont soumises à la prescription quinquennale.

Remarquons que toutes les actions relatives à une lettre de change sont prescrites par cinq ans, quand même elle serait souscrite par un non commerçant, et n'aurait pas pour cause un acte de commerce, tandis que lorsqu'il s'agit d'un billet à ordre, l'action qui en résulte n'est prescrite par ce laps de temps que lorsqu'il est souscrit par un commerçant ou a pour cause une opération commerciale.

La prescription de cinq ans commence à courir du jour du protêt, et, s'il n'y a pas protêt, du lendemain de l'échéance ou du jour de la dernière poursuite juridique. Elle est interrompue par le fait du créancier, citation, commandement, etc.; mais l'interruption de prescription contre l'un des signataires ne l'interrompt pas contre les autres ; ils sont bien tenus *in solidum*, mais ils ne sont pas solidaires. L'état de faillite du créancier ou du débiteur ne saurait la suspendre.

La prescription quinquennale peut être convertie en prescription trentenaire, au moyen de la novation, ou bien d'un jugement ou d'une reconnaissance emportant cette novation.

Les actions relatives à une lettre de change qui, par suite de l'absence de certaines conditions ou de l'existence de suppositions, serait réduite à l'état de *simple promesse*, seraient sans aucun doute prescriptibles par trente ans.

Il faut bien remarquer que c'est l'action et non la lettre de change que l'on prescrit ; car les prétendus débiteurs seront tenus, s'ils en sont requis, d'affirmer sous serment qu'ils ne sont plus redevables ; et leurs veuves, héritiers ou ayant cause, qu'ils estiment de bonne foi qu'il n'est plus rien dû. (189.)

La prescription des effets de commerce repose sur une présomption de paiement, avons-nous dit. Aussi elle serait invoquée sans succès par celui des débiteurs qui n'oserait pas soutenir que la libération est réellement intervenue. D'après la disposition de l'art. 189, il faudrait conclure de ces mots : *les prétendus débiteurs*, qu'elle s'applique aussi-bien au tireur qu'aux endosseurs ; ce qui ne nous paraît pas juste, parce que les intérêts de ces derniers doivent être plus sacrés que ceux du tireur qui seul profite de la traite. Et dans tous les cas, la libération des endosseurs ne devrait pas être soumise à une prestation de serment qui placerait leur devoir en opposition avec leur intérêt.

On peut décider que celui qui a d'abord soutenu que ce n'est pas à lui qu'il faut s'adresser pour obtenir le paiement de la lettre de change, ne peut pas invoquer la prescription. Le paiement étant un fait, le juge ne peut suppléer la prescription, parce qu'il n'a que des moyens de droit en son pouvoir. Quant à la déchéance, quoiqu'elle repose aussi sur un fait, nous serions porté à décider qu'elle peut être suppléée à l'égard des endosseurs, ceux-ci étant tenus seulement par un lien de droit rigoureux.

---

# Droit Administratif.

**De la compétence administrative et judiciaire en ce qui concerne l'expropriation pour cause d'utilité publique.**

En entrant dans la société, tout citoyen prend l'engagement tacite d'aliéner, dans l'intérêt commun, une part de sa liberté. Les sacrifices qu'il subit sont la condition des profits qu'il retire de l'association : cet échange d'avantages et de sacrifices constitue, dans l'ordre matériel, l'existence sociale. Mais l'homme, tout en reconnaissant la vérité de ces principes, cherche souvent, dans son égoïsme, à en éluder l'application. Des intérêts froissés, des droits méconnus engendrent des plaintes, des discussions : de là le droit administratif. — Parmi toutes les matières qui composent ce droit, il n'en est pas de plus intéressante, ni d'une application plus usuelle que celle concernant l'expropriation pour cause d'utilité publique.

L'expropriation dont nous allons nous occuper ayant pour cause l'utilité publique, il faut avant tout que cette utilité soit déclarée. Cette déclaration est faite tantôt par le pouvoir législatif, tantôt par le chef de l'Etat, tantôt par le préfet, selon l'importance et la nature des travaux à effectuer. (Titre 1er, art. 3, loi du 3 mai 1841.) Elle est précédée d'enquêtes dont les formes ont été réglées par les ordonnances du 18 février 1834.

Si les travaux sont urgents, on a recours à des formalités plus expéditives indiquées dans les art. 65 et suivants de la loi de 1841. L'urgence doit être declarée par ordonnance royale.

*Compétence judiciaire.* — Toutes les fois qu'à une espèce donnée peut se faire l'application de la formule : « *Intérêt spécial émanant de l'intérêt général, discuté, en contact avec un droit privé* » (Chauveau, *Principes de compétence administrative, etc.*, 1er volume), on peut être assuré, à moins d'exception spécialement écrite dans un texte de loi, que la compétence est administrative; cette formule est applicable d'une manière rigoureuse à l'expropriation : car le droit privé consistant dans le droit de propriété, se trouve en contact avec l'intérêt de la localité où s'exécutent les travaux, intérêt qui évidemment n'est qu'une individualisation de l'intérêt général. La discussion devrait donc amener la compétence administrative, s'il ne s'agissait d'immeubles spécialement protégés par le législateur et placés sous la sauvegarde du pouvoir judiciaire.

L'expropriation pour cause d'utilité publique s'opère par autorité de justice, nous dit l'art. 1, titre 1er de la loi du 3 mai 1841, qui trace à chaque pouvoir les limites dans lesquelles il doit se tenir. — Le pouvoir législatif, de la sphère élevée où il est placé, déclare l'utilité publique. L'administration descendant aux détails de l'application, fait des enquêtes, désigne les terrains nécessaires aux travaux, veille, en un mot, comme c'est sa mission, à l'intérêt général des citoyens. Puis intervient le tribunal eivil qui protége chaque droit privé contre les illégalités administratives.

Le tribunal chargé de l'expropriation n'a nullement à s'enquérir du fond du droit; il n'a pas mission de déclarer que le procès-verbal mentionne des faits faux, que l'acte administratif est vicieux, inopportun, qu'il n'est pas conforme à ce qu'exige l'intérêt général sainement interprété. Il devra simplement examiner l'instruction administrative, c'est-à-dire que les juges auront à voir si toutes les formalités exigées par l'art. 2 du titre 1er et par le titre 2 de la loi ont été remplies, si l'utilité publique a été légalement déclarée, si les propriétaires ont été avertis du dépôt fait à la mairie du plan parcellaire, etc.

Admettre ces principes, ce n'est pas sacrifier les intérêts des propriétaires exposés à une dépossession. Car ces intérêts pourront élever la voix dans le tribunal administratif supérieur, dans le conseil-d'Etat, juge naturel des excès de pouvoir commis par les administrateurs. Les tribunaux civils surseoiront pendant ce temps, sauf à prononcer plus tard le jugement d'expropriation.

Le citoyen qui, par le jugement d'expropriation, perd sa qualité de propriétaire, doit être indemnisé. Il a cédé son bien; là s'arrête le sacrifice, là commence son droit. Le public est, à cet égard, comme un particulier qui traite avec un particulier. L'appréciation de l'indemnité qui doit être payée au propriétaire exproprié appartient au jury composé, comme il est dit au chapitre 2, art. 29 de la loi du 3 mai 1841, si les offres amiables de l'administration ne sont pas acceptées.

A quelle autorité appartient l'appréciation des dommages résultant des travaux autorisés? — Le conseil d'Etat, se fondant sur la loi du 8 pluviôse, an VIII, attribue, dans tous les cas, juridiction au conseil de préfecture. Mais la jurisprudence des tribunaux civils admet une distinction, suivant que les dommages sont *temporaires* ou *permanents*. Dans le premier cas, ils sont de la compétence administrative; dans le second, ils sont de la compétence judiciaire.

En général, la dépossession n'a lieu qu'après le paiement de l'indemnité. (Art. 53.) Mais quelquefois la dépossession est préalable. C'est ce qui a lieu, ou par le consentement du propriétaire, ou par la volonté de la loi (art. 15, loi du 21 mai 1836), ou par force majeure. — Il faut remarquer qu'aucune indemnité ne serait due, si le dommage était causé par l'ennemi.

*Compétence administrative*. — Les tribunaux judiciaires ont, en matière d'expropriation pour cause d'utilité publique, la plus grande part d'attributions. Cependant, quelques cas sont encore de la compétence administrative. Ainsi l'administration fait des enquêtes qui précèdent et suivent le jugement d'expropriation; c'est encore elle qui, dans certains cas et par délégation, déclare l'utilité publique. Au pouvoir administratif appartient, dans des cas déterminés, le droit de prononcer l'expropriation pour cause d'utilité publique : ce qui a lieu en matière de concession de mines, d'alignements ou de desséchements de marais. Quand il s'agit de mines, les droits de l'administration ne se bornent pas à la prononciation de l'expropriation; ils s'étendent jusques à la fixation de l'indemnité. (Art. 5, 6, 42, de la loi du 21 avril 1810.)

L'autorité administrative, en matière de chemins vicinaux, a un moyen détourné de prononcer l'expropriation. En effet, lorsque le préfet a pris un arrêté portant reconnaissance ou déclaration d'un chemin vicinal, le propriétaire se trouve aussitôt dépossédé, et s'il prétend à une indemnité, il devra faire reconnaître son droit par les tribunaux. Mais on ne pourrait décider, sans altérer les droits conférés aux préfets par l'art. 15 de la loi de 1836, qu'après une décision du tribunal favorable au propriétaire, on doit suivre les formes ordinaires de l'expropriation.

Enfin, à l'administration appartient le droit de fixer le moment où les travaux devront être exécutés, de déterminer l'étendue et les limites de l'expropriation.

Cette Thèse sera soutenue, en séance publique, dans une des salles de la Faculté, le 9 mai 1856.

*Vu par le Président de la Thèse,*

**DUFOUR.**



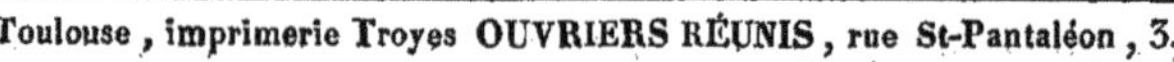

Toulouse, imprimerie Troyes OUVRIERS RÉUNIS, rue St-Pantaléon, 3.

www.ingramcontent.com/pod-product-compliance
Ingram Content Group UK Ltd.
Pitfield, Milton Keynes, MK11 3LW, UK
UKHW021534260726
13993UKWH00004B/1983